AF362746

VIE, GLOIRE & DISGRÂCES

DE

CHRISTOPHE COLOMB

BIBLIOTHÈQUE DU JEUNE AGE

BIBLIOTHÈQUE DU JEUNE AGE

VIE, GLOIRE & DISGRÂCES

DE

CHRISTOPHE COLOMB

PAR

ÉDOUARD CAT

Professeur agrégé d'Histoire et de Géographie

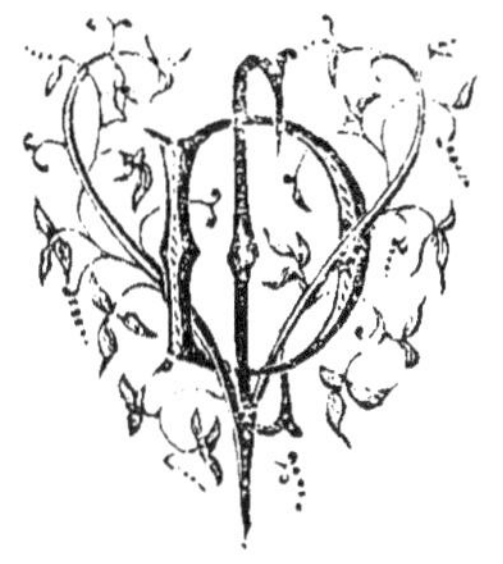

PARIS

LIBRAIRIE GÉNÉRALE DE VULGARISATION
A. DEGORCE-CADOT
9, rue de Verneuil, 9

1882

Christophe Colomb.

CHAPITRE PREMIER

Mouvement commercial de la Méditerranée. — Décadence des républiques italiennes. — Le pays de Christophe Colomb. — Ses parents. — Son éducation. — Ses voyages. — Colomb en Portugal. — Il passe en Espagne. — Il est découragé. — On lui accorde trois caravelles.

L'homme dont nous écrivons la vie est peut-être le plus grand qui ait jamais été. Sa gloire n'est pas, comme celle des conquérants, faite de sang et de larmes ; elle n'est pas renfermée dans un pays comme celle des hommes politiques, utiles seulement à leur patrie. Christophe Colomb rendit service à l'humanité entière ; il fut le premier et le plus illustre de tous ceux qui au vieux monde ajoutèrent un monde nouveau.

L'histoire du grand homme est, malheureusement, pleine d'obscurités. Les chroniqueurs d'alors disent bien la généalogie des princes et les batailles, mais nul n'a songé à nous raconter la vie et les travaux des commerçants et des marins. Quelques passages des lettres de Colomb à Ferdinand et Isabelle, souverains d'Espagne, sont les documents les plus curieux et les plus authentiques que nous ayons sur le grand navigateur. Son histoire fut ensuite écrite par Fernando, son fils naturel, qui avait du goût pour les sciences et l'étude ; le manuscrit original s'est perdu, et nous ne connaissons l'ouvrage que par la traduction qui en fut faite presque aussitôt et qui a servi de base à toutes les éditions qu'on en a produit depuis. Quelques savants en ont contesté l'authenticité ; mais cette question est hors de notre sujet, et nous nous contentons de dire que l'histoire de Colomb, qu'elle soit de Fernand ou de quelque autre, est un ouvrage précieux et intéressant.

Avant de raconter la vie de Christophe Colomb, il nous faut dire quelques mots de l'époque et du pays où il vécut ; le milieu où un homme se trouve influe considérablement sur l'individu, et l'étude de ce milieu est comme un cadre qui fait ressortir le tableau.

Christophe Colomb naquit dans la première moitié de ce XVe siècle qu'on a appelé le *siècle des découvertes*. Les Arabes venaient d'introduire en Europe la boussole, que les Chinois connaissaient depuis longtemps déjà ; en même temps, de grands progrès avaient été accomplis dans l'art des constructions navales ; les vaisseaux, autrefois petits et frêles, sont faits grands et solides, capables de mieux soutenir la grosse mer ; l'homme s'y confie plus hardiment et va plus loin. Avec ces grands navires, avec la boussole qui guide le marin dans l'infini des mers, les longs voyages sur l'Océan vont devenir plus faciles; l'heure des découvertes est proche.

Remarquons encore qu'à cette même époque la vie maritime, le mouvement commercial se retiraient peu à peu des bords méditerranéens; le silence se faisait dans les chantiers de l'Italie, si actifs au temps des croisades. Venise et Gênes voyaient leurs comptoirs et leurs lointaines possessions menacés par les Turcs, les vaisseaux pourrissaient dans les ports, et les hommes de mer étaient obligés de quitter une patrie désormais incapable de les nourrir, pour offrir aux souverains étrangers leur courage et leur talent. Ainsi vinrent les marins génois combattre sous les drapeaux de la France au commencement de la guerre de Cent ans; ainsi vinrent les marins de Gênes et de Venise découvrir des terres et entreprendre de longs et périlleux voyages pour les rois d'Espagne et de Portugal.

Christophe Colomb fut un de ces audacieux enfants de la Ligurie qui, nés au bord des flots, jouèrent avec la mer dès le premier âge. De même que, dans l'antiquité, un grand nombre de villes se disputaient l'honneur d'avoir vu naître Homère, dix communes de la *rivière de Gênes* revendiquent le grand navigateur pour un de leurs enfants; mais Gênes semble mieux fondée dans ses prétentions que toute autre. Sa naissance doit être placée vers l'an 1436. Il avait nom *Christoforo Colombo*, en latin *Columbus*, et, quand il fut devenu citoyen d'Espagne, il le changea en

celui de *Christobal Colon*, d'apparence plus castil-
lane. Sa famille jouissait d'une certaine aisance
et de considération ; un de ses membres, Colon
el Mozo, avait été amiral au service de Gênes, sa
patrie. Domenico, le père de Christophe Colomb,
était fabricant de lainages, et il put faire donner
à ses enfants (Christophe l'aîné, Barthélemy et
Jacques ou Diégo) une éducation fort soignée,
bien supérieure à celle des autres fils d'artisans.

A Gênes même, Colomb reçut les premiers
éléments de l'instruction ; il apprit à lire et à
écrire : il écrivait si bien, dès cette époque, que
selon Las Cases, qui avait vu des lettres de sa
main, « ce seul talent aurait suffi à lui donner
de quoi vivre, » s'il en eût été besoin.

Plus tard, Christophe fut envoyé à l'université de
Pise ; c'était alors une des plus illustres écoles de
cette Italie où les sciences, les lettres et les arts
commençaient à renaître. Des maîtres fameux y
enseignaient le dessin, les mathématiques, la géographie, et même la navigation. Quoique l'esprit
de l'enfant fût plutôt porté vers les sciences exactes,
il ne négligea point les lettres ; et quand, vers sa
quatorzième année, il quitta l'école, il en avait
déjà une teinture sérieuse.

Dès lors commença son dur apprentissage de
marin ; cette période de sa vie, qui s'étend jusqu'à 1487, est malheureusement peu connue. On
sait seulement par quelques-unes de ses lettres à
Ferdinand, roi de Castille, qui nous ont été con-
servées, qu'il passa presque tout son temps à la
mer ; avec le courage et le désir d'apprendre qui

le caractérisaient, il devint l'un des marins les plus habiles et l'un des hommes les plus savants de son temps.

« J'ai passé vingt-trois ans sur mer, dit-il ; j'ai vu tout le Levant, et l'Occident, et le Nord ; j'ai vu l'Angleterre ; j'ai été plusieurs fois de Lisbonne à la côte de Guinée. » Il écrit ailleurs : « Dès l'âge le plus tendre j'allais en mer, et j'ai continué de naviguer jusqu'à ce jour. Quiconque se livre à la pratique de cet art désire savoir les secrets de la nature d'ici-bas. Voilà déjà plus de quarante ans que je m'en occupe. Tout ce que l'on a navigué jusqu'ici sur la surface des mers, je l'ai navigué aussi. » Certes, voilà une vie agitée et remplie, comme il convenait à ce caractère aventureux. Nous voyons en effet Colomb courant tous les ports de la Méditerranée, faisant des courses ou le négoce avec autant de bravoure que d'habileté ; plus tard, nous le trouvons à Chio, combattant les pirates de Tunis. puis commandant une galère génoise dans une guerre contre les Vénitiens ; en 1477, il allait visiter l'Islande et les mers du Nord ; peu après, il est en Portugal.

Suivant le récit de son fils naturel, Fernand Colomb se trouvait sur un vaisseau, en vue des côtes de ce pays ; le navire vint à sombrer ; Colomb, qui avait pu saisir une épave, fit deux lieues à la nage, et sauva ainsi une vie réservée à de grandes destinées. Quelques historiens n'ont pas admis ce naufrage comme certain ; il n'était pas nécessaire qu'un fait accidentel survînt pour que Colomb vint en Portugal : son désir d'apprendre et de savoir tout ce qui a trait à la navigation suffisait bien à l'y attirer.

Les Portugais, en effet, étaient alors les plus fameux marins du monde ; ils s'étaient aventurés fort loin sur l'océan Atlantique, la mer ténébreuse, comme on l'appelait alors, et ils avaient fait de grandes découvertes sur le littoral de l'Afrique. Les rois de Portugal encourageaient ces efforts et s'occupèrent activement de la navigation. Des savants, des astronomes, des géographes, des marins formaient leur entourage et y accouraient de tous les pays d'Europe ; des Vénitiens, des Génois, des Majorquains travaillaient pour eux à des portulans et des cartes ; même ils faisaient venir des juifs, des Maures, des Tunisiens, pour connaître par eux les régions sahariennes et les routes du Soudan.

Ainsi Colomb venait à cette cour où étaient accourus déjà tant d'hommes illustres d'Italie, d'Allemagne et de Bohême. Mais, d'abord, il vécut assez pauvrement. Il avait pris pour femme doña Felipa-Muniz de Fenestrello, fille d'un marin illustre. La famille de sa femme était noble et peu aisée, et Colomb devait subvenir par son travail aux besoins du modeste ménage. Il dressait des cartes marines et des planisphères, et il prit quelquefois part à des expéditions. C'est ainsi qu'il visita les côtes de la Guinée et de la Sénégambie. Un fils lui était né peu après, qui fut nommé Diégo.

Un projet germa alors et grandit, peu après, dans

son esprit : celui de chercher des terres nouvelles,
comme avaient fait tous ces navigateurs portugais s'avançant à l'aventure le long des côtes
d'Afrique. On ne parlait déjà, en Portugal, de rien
moins que de doubler par le sud ce vaste continent, pour aller par delà à la recherche des Indes.
Colomb, s'appuyant sur diverses considérations
que nous exposerons plus loin, entrevit une autre
route : « il voulut chercher l'est dans une direction occidentale » ; il voulut aller aux Indes par
l'Océan, et puisque, dans sa pensée, la terre était
ronde, il affirmait devoir y parvenir.

Il exposa ses idées devant le roi Jean II, et lui
montra combien il serait glorieux et avantageux
à la couronne de Portugal de prendre possession
de ces riches et fertiles contrées de l'extrême
Orient que Colomb avait décrites. Le roi voulut
avoir là-dessus l'avis de ses cosmographes et
astronomes les plus habiles ; la plupart, notamment l'évêque de Ceuta, montrèrent tout ce qu'il
y avait d'incertitude et, suivant eux, d'impos-
sibilité de réussir dans l'entreprise de Colomb.
Quelques-uns seulement, comme Martin Behaim,
jugèrent qu'il fallait « accepter ses propositions ».
Le roi se tint à l'avis du plus grand nombre, et
refusa. S'il faut en croire la *Vie de Colomb*, écrite
par son fils Fernand, Jean II aurait envoyé secrè-
tement un navire chargé de trouver cette route
vers les Indes. Le commandant aurait navigué
longtemps vers l'orient ; mais, trouvant la mer
sans bornes, ne découvrant ni une terre, ni une
île, il serait revenu. On peut douter de la vérité

de cette anecdote ; elle s'accorde peu avec le caractère loyal de Jean II.

Quoi qu'il en soit, Colomb quitta en fugitif le pays où l'on avait rejeté ses offres, rien ne l'attachait plus ; sa femme était morte depuis peu. Il partit, emmenant avec lui son jeune fils Diego, âgé d'une douzaine d'années, pauvre, vêtu d'habits modestes, triste comme un homme qui a longtemps et beaucoup souffert. Un soir, brisé de fatigue et ayant faim, il arrive dans la ville de Palos au port plein de navires, aux rues animées. Il frappe à la porte d'un couvent, au couvent de la Rabida, tenu par des franciscains, et il demande un peu de pain et d'eau pour son enfant. Le frère Jean Perez de la Marcheno est frappé de l'accent étranger du voyageur, de sa figure et de ses manières qui contrastent avec son extérieur ; il le fait parler, et Colomb, triste en lui disant tout ce qu'il a souffert, s'anime et devient éloquent lorsqu'il expose ce qu'il veut accomplir. Le frère Jean est charmé et convaincu ; il envoie querir un médecin de la ville, savant en astronomie et géographie, qui, lui aussi, s'enthousiasme. Ils sont tous trois aussi convaincus, et le frère Jean, à qui son titre de confesseur de la reine donne un grand crédit, envoie aussitôt un courrier à la cour de Castille. Il revient quatorze jours après, avec une lettre de remerciement pour Jean Perez et de l'argent pour Colomb, qui était invité à venir en toute hâte à la cour, occupée alors au siège de Grenade.

Le 20 janvier 1486, Colomb est à la solde et au

service de la couronne de Castille ; il a exposé ses
plans, et une sorte de junte, composée de prêtres,
d'évêques, de géographes et d'astronomes, a été réu-
nie à Salamanque pour juger de la valeur et de la
possibilité de cette navigation. Là commence pour
le grand homme une série d'épreuves plus dures
encore que celles qu'il avait traversées jusque-là ; il
lui faut, d'abord, développer ses vues devant une
réunion d'hommes dont plusieurs l'écoutent avec
indifférence ; presque tous condamnent son projet.
Quelques-uns le combattent, et par des arguments
singuliers. Qui donc a prouvé que la terre était
ronde, et n'est-ce pas comme un commencement
d'hérésie que de l'admettre ? Les antipodes sont
une fable absurde ; des hommes ne sauraient vivre
et marcher sur la tête. Et si la terre est ronde, si elle
est divisée en deux hémisphères, l'un en haut, l'autre en bas, une fois tombé dans ce dernier comment
remonter vers l'autre, vers celui que nous habitons ?
Fernand de Talavera, le futur archevêque de Grenade, président de la junte, désapprouvait haute-
ment le projet ; à peine quelques-uns, entraînés
par l'accent sincère et convaincu de Colomb, osè-
rent-ils timidement prendre sa défense. Et après
ces luttes, où Colomb mettait toute son âme, après
avoir recommencé vingt fois ses démonstrations,
il fut informé que la junte ajournait sa décision.
Alors les jours d'attente, des mois, des années
s'écoulèrent, et Colomb, jeune encore, voyait ses
cheveux blanchir et ses forces s'épuiser.

La guerre contre les Maures réunissait toutes
les forces de l'Espagne sous les murs de Grenade ;

cinq années entières s'étaient écoulées, longues, interminables, et Grenade était toujours debout, occupant toutes les pensées des souverains ; et la junte n'avait pas fait connaître sa décision. Quand elle la donna, nouveau désappointement. Par l'organe de son président, la junte déclarait « que le pro-» jet soumis à son examen était vain et impossible, » et qu'il ne convenait pas à de grands princes » de s'engager dans une semblable entreprise sur » des fondements aussi faibles que ceux qu'on » avait produits. » Colomb fut atterré ; mais son esprit s'obstinait et son âme conservait toute son énergie. Le crédit de quelques seigneurs et les instances de Jean Perez décidèrent la reine à tenter cette entreprise. Au dernier moment, de nouvelles difficultés s'élevèrent au sujet des récompenses que le navigateur aurait, en cas de succès. Même celui-ci quitta la cour, décidé à offrir son courage et ses talents à des souverains moins avares.

La reine fit rappeler Colomb ; malgré les offenses et les tracasseries qu'il avait dû subir, le grand homme revint à la cour ; il oubliait volontiers le passé, pourvu qu'il lui fût donné d'accomplir les projets depuis si longtemps formés. Il revint, et la reine signa avec lui, à Santa-Fé, une sorte de traité dont les principales conditions furent :

1° Ferdinand et Isabelle, comme souverains de l'Océan, constituaient Colomb leur grand amiral de toutes les mers, îles et continents qu'il découvrirait par son industrie ; stipulant que lui et ses héritiers à perpétuité jouiraient du même offic-

avec les mêmes pouvoirs et les mêmes prérogatives qui appartenaient à l'amiral de Castille dans les limites de sa juridiction.

2° Ils nommèrent Colomb leur vice-roi dans toutes les îles et dans tous les continents qu'il découvrirait, avec cette clause que, au cas qu'il convînt, pour la meilleure administration des affaires, d'établir un gouverneur particulier dans quelqu'une de ces contrées, ils autorisaient Colomb à désigner trois personnes, parmi lesquelles ils choisiraient le gouverneur ; la dignité de vice-roi, avec tous ses privilèges, serait héréditaire dans la famille de Colomb.

3° Ils accordèrent à Colomb et à ses héritiers, à perpétuité, le dixième du profit qui proviendrait des productions et du commerce des pays qu'il découvrirait.

4° Ils déclarèrent que, au cas où il surviendrait quelque procès au sujet des affaires de commerce dans lesdits pays, il serait jugé par Colomb, ou par les juges qu'il établirait.

5° Il était permis à Colomb, comme il l'avait demandé d'avancer le huitième des dépenses de l'expédition, de commercer dans les pays qu'il visiterait, et de garder pour lui un huitième des bénéfices.

Ces récompenses extraordinaires contrastaient avec la misère présente du grand homme ; mais il se sentait fort parce que la France et l'Angleterre avaient accueilli favorablement les ouvertures qu'il leur avait faites et aussi parce que le nombre de ceux qu'il avait convaincus, et dont il s'était fait des protecteurs, était devenu très grand. La reine Isabelle voulait armer les navires en vendant ses bijoux, car la couronne était pauvre ; mais le ministre de la justice en fit lui-même tous les frais, qui ne s'élevèrent pas, d'ailleurs, à plus de 5.000 ducats. On équipa seulement deux petites caravelles ; une troisième, frétée par les frères Pinzon, devait se joindre à l'entreprise. Le 23 mai 1492, Colomb était à Palos, réunissant les marins et les pilotes les plus habiles et faisant arranger ses vaisseaux pour cette navigation que tous jugeaient devoir être longue et pénible.

Navire à voiles (xvᵉ siècle).

CHAPITRE II

Pour bien apprécier le mérite et l'importance
des travaux de Colomb, il faut se faire une idée
exacte de ses vrais projets et voir en quoi ses
idées sur l'étendue du monde habité diffèrent
des idées qui avaient cours alors et en quoi elles
leur ressemblent. Colomb ne se proposait nulle-
ment de découvrir des terres nouvelles et tout à
fait inconnues, mais simplement une route vers
les Indes et vers ces contrées de l'extrême Orient
vues et décrites par Marco Polo, son compatriote,
une route par mer facile et courte, au lieu de cette
longue et difficile route par terre que les voya-
geurs du moyen âge avaient jusqu'alors suivie; il
ne fut jamais préoccupé, suivant ses propres
expressions, « que de chercher l'Orient par l'Occident et de passer par la voie de l'Ouest à la
terre où naissent les épiceries ». Or, pour que

cela fût possible, il fallait admettre la sphéricité de la terre. Cela, c'était une idée généralement acceptée parmi les philosophes et les astronomes de l'antiquité : mais un marchand d'Alexandrie, *Cosmas Indicopleustès*, avait, au VI° siècle, avancé que la terre était plane et que cette opinion était la seule conforme au texte de la Bible ; penser que la terre est ronde était, pour lui, une pensée hérétique. Les théologiens déclarèrent après lui que la terre était plane comme une table, et leur doctrine, basée sur une interprétation étroite des Livres saints, prévalut comme une sorte de dogme. Colomb eut le mérite de revenir aux théories plus vraies et de croire à la sphéricité de la terre, en dépit de tous les arguments, de tous les sophismes qu'on lui opposa.

Pour penser à ce voyage, il fallait admettre encore que notre globe fût occupé, non pas, comme le supposait le vulgaire, par des mers immenses, par un océan sans bornes, mais qu'une partie très grande de sa surface fût occupée par des terres habitées. Une notion erronée, puisée dans le IV° livre d'Esdras, connu anciennement dans l'Église grecque sous le nom d'Apocalypse d'Esdras, faisait croire et dire à Colomb « que six parties de la surface du globe étaient à sec et que seulement la septième était couverte d'eau [1] ». Et si la terre était ainsi composée de contrées à sec, en traversant cette septième partie couverte d'eau on devait bientôt parvenir à des terres fermes.

(1) Lettre de Ferdinand à Isabelle. (15 juillet 1503.

Une autre opinion, également fausse d'ailleurs, donna à Colomb l'idée de son grand voyage et l'encouragea longtemps dans son entreprise ; il croyait que la distance entre les côtes occidentales d'Europe et les côtes orientales d'Asie n'était pas très grande, environ un millier de lieues. En cela, il s'appuyait sur les indications d'un grand nombre de savants anciens et modernes. Il avait lu l'*Image du monde*, du cardinal Pierre d'Ailly, sorte d'encyclopédie comme on en composa plusieurs au moyen âge et où étaient cités pêle-mêle Aristote, Strabon, Sénèque et les Livres saints ; Colomb, dans ses lettres à Ferdinand et Isabelle, cite plusieurs fois ces auteurs comme ayant montré la proximité de l'Espagne et des Indes par la voie de l'Atlantique. Voici quelques-uns des passages curieux auxquels il se réfère :

« Quand l'homme, spectateur curieux de l'univers, a contemplé la course majestueuse des astres et cette région du ciel qui offre à Saturne une route de trente ans, il méprise, en jetant de nouveau ses regards vers la terre, la petitesse de son étroit domicile. Combien y a-t-il depuis les derniers rivages de l'Espagne jusqu'à l'Inde? Très peu de jours, si le vent est favorable au vaisseau[1].

« La zone tempérée, comme disent les mathématiciens, revenant sur elle-même, forme entièrement le cercle, de sorte que, si l'étendue de la mer Atlantique n'était pas un obstacle, *nous*

____

(1) Sénèque, *Questions naturelles*, pref. II.

pourrions nous rendre par la mer de l'Ibérie (*Espagne*) *dans l'Inde* en suivant toujours le même parallèle, dont les terres ci-dessus, mesurées en stades, occupent plus d'un tiers puisque le parallèle de Thinès, sur lequel nous avons pris la distance depuis l'Inde jusqu'à l'Ibérie, n'a pas en tout 200,000 stades. Nous n'appelons terre habitée que cette portion de la zone tempérée que nous habitons et qui nous est connue. Mais on conçoit que, dans cette zone, il peut exister *deux terres habitées*, et peut-être plus de deux, surtout aux environs du parallèle qui passe par Thinès et traverse l'Atlantique [1].

« Ainsi donc les observations astronomiques démontrent que non seulement la terre est ronde, mais encore que la circonférence n'en est pas grande... Voilà comment ceux qui croient que les pays situés vers les colonnes d'Hercule touchent aux pays de l'Inde et que, de cette façon, il n'y a qu'une seule mer, ne semblent pas faire une supposition trop insoutenable [2]. »

Dans une de ses lettres aux souverains d'Espagne, Colomb fait allusion à ces divers passages : « Aristote dit que ce monde est petit et qu'on peut passer facilement d'Espagne dans les Indes ; Avenruyz (Averrhoes) confirme cette idée, et le cardinal Pierre de Alliaco (Pierre d'Ailly) la cite en appuyant cette opinion qui est conforme à celle de Sénèque. »

(1) Strabon, lib. I.
(2) Aristote, *Du monde.*

Ainsi, parmi les savants de l'antiquité, plusieurs avaient déjà conçu comme possible ce voyage d'Espagne aux Indes par l'océan Atlantique ; c'étaient de fausses hypothèses, basées sur de mauvaises mesures. L'observation des longitudes de l'Espagne et de l'Inde par les astronomes alexandrins et arabes avait été fort défectueuse; d'où une longue suite d'erreurs dans leur estime. On faisait les deux pays beaucoup plus rapprochés l'un de l'autre qu'ils ne sont réellement.

Les récits de Marco Polo et d'un autre voyageur en Asie, Oderic de Pordenone, étaient de nature à faire durer cette erreur, qui eut de si heureux résultats. Marco Polo disait, d'après les récits des marins chinois, que la grande île de Cipangu (Japon) était à 1,500 lieues des côtes de la Chine ; mais ils comptaient en lieues chinoises (li = 575 m.). Les géographes d'Europe crurent qu'il s'agissait de lieues latines (lieue = 4.000 m.). Sur une mappemonde, mettez le Japon à 1,500 lieues à l'est de la Chine, il sera presque où est l'Amérique, c'est-à-dire fort rapproché de l'Espagne. Le récit de Marco Polo confirmait les hypothèses de Strabon et d'Aristote et était de nature à encourager Christophe Colomb. L'île de Cipangu devait être, ainsi marquée, comme une halte, un point de relâche utile à ceux qui entreprendraient d'aller d'Espagne aux Indes par l'Océan.

Cette île n'était point la seule qu'on indiquât dans le grand espace compris entre l'Occident de l'Europe et l'extrême Orient. Des érudits y avaient placé à tout hasard cette fabuleuse Atlantide dont parle Platon, grande île que des phénomènes géologiques auraient fait disparaître. Dans le peuple, en Espagne notamment, avait cours une curieuse tradition. A l'époque où Colomb arriva en Castille, on y racontait encore qu'en 711, après la bataille de Xérès, un archevêque fuyant devant l'invasion musulmane était parti, avec six de ses évêques, vers une grande île de l'Océan, où ils avaient fondé une colonie chrétienne. On disait aussi qu'au temps de Henri le Navigateur un vaisseau portugais s'était approché de cette île, y avait constaté la présence de la colonie chrétienne et découvert de l'or. En 1442, un autre navire portugais alla vers le sud-ouest à la recherche de cette île, mais revint sans l'avoir trouvée. Le pilote de cette expédition raconta plus tard cette dernière aventure à Christophe Colomb ; même l'île est marquée ur plusieurs cartes, et on la nomme *Antillia* [1].

En 1474, un gentilhomme portugais, Herman Martinez, proposa d'aller à sa recherche ; il voulait même par l'ouest aller jusqu'aux Indes ; mais la guerre qui éclata entre le Portugal et la Castille avait empêché de donner suite à ce projet. Du moins, il y eut une correspondance échangée entre la cour de Lisbonne et l'illustre astronome florentin Toscanelli. Celui-ci avait répondu qu'il était très naturel et très facile d'aller par l'Océan

___

(1) Plus tard, les savants crurent que l'archipel découvert par Colomb n'était autre que cette île fabuleuse, et ils donnèrent à l'archipel le nom d'*Antilles*.

à Cipangu (Japon) et aux Indes. Le 20 juin 1474, il adressa au roi de Portugal une carte où il avait marqué de sa main la route qu'on devait suivre et les régions où on devait atterrir. L'Asie y était marquée à environ 1,700 lieues des Açores et précédée du grand archipel d'*Antillia*. Plus tard, Colomb, par l'intermédiaire d'un marchand florentin, écrivit à Toscanelli qui vivait encore, plein de jours et de gloire, et qui lui envoya aussitôt une copie de sa carte marine de 1474 et de sa réponse à Herman Martinez. En même temps, il encourageait Colomb à poursuivre son projet et à chercher la solution du problème.

Ainsi, avant qu'on connût rien de ces régions lointaines, on en disait la distance, on leur donnait des noms, on les marquait sur les cartes, et il se composait ainsi peu à peu, avant que le nouveau monde fût découvert, une sorte de géographie fantaisiste qui allait rendre les recherches plus actives et plus fécondes.

A ces hypothèses des savants, aux récits légendaires de la foule s'ajoutaient quelques indices plus probants et, pour ainsi dire, plus tangibles. Par le grand courant, gulf-stream, qui part du golfe du Mexique pour venir réchauffer les côtes occidentales de l'Europe arrivaient fréquemment des herbes, des poissons morts d'espèces inconnues. Un pilote du roi de Portugal, Martin Vincente, avait recueilli sur l'Océan une sculpture sur bois, artistement et curieusement travaillée sans l'aide d'aucun instrument de fer, et venant de la direction de l'Ouest. Chez son beau-frère,

Pedro Correo, gouverneur de Porto-Santo, une des îles du groupe de Madère, Colomb avait vu un morceau de bois ainsi travaillé. Le roi de Portugal lui avait montré quelques roseaux fort grands, apportés par la mer sur le rivage et de tout point conformes à ceux que Pline décrit comme croissant dans les Indes (bambous). Les habitants des Açores rapportaient que, lorsque le vent soufflait de l'ouest, il arrivait sur leurs rivages des troncs d'arbres énormes, différents de tous les arbres qu'ils connaissaient, des cadavres d'hommes au teint et aux traits différents de ceux des hommes d'Europe; un jour même, disaient-ils, ils avaient vu naviguer des barques couvertes, remplies d'hommes d'une espèce inconnue.

Colomb, quand il avait pour la première fois pensé à naviguer vers l'ouest, n'avait pas devant lui toutes ces données, d'ailleurs bien vagues et bien incertaines. Il les réunit peu à peu en mûrissant son projet. Il creusa son esprit, il étudia les livres et les cartes, il s'informa auprès des navigateurs et des pilotes les plus estimés. Chaque jour son plan lui parut plus facile à réaliser; sa résolution s'affermit et devint inébranlable. Dix-huit ans durant il supporta les refus, la misère, sans jamais perdre de vue son rêve, sans que rien pût le rebuter ou le refroidir. C'est là, c'est dans cette noble constance, c'est dans ces efforts et cette lutte de toutes les heures que furent son mérite et sa gloire. Quelques écrivains ont cru le faire plus grand en le montrant comme guidé par une sorte de prédestination, par une espèce de divination.

vers le nouveau continent qu'il allait découvrir. Il n'eut pas un seul instant cette idée ; il est mort presque sans avoir soupçonné qu'il eût vu un nouveau monde. Il crut qu'il avait trouvé ce qu'il avait cherché, le chemin par l'ouest, vers les Indes, vers le pays des épices, des pierreries et de l'or.

Appendice. — Les côtes septentrionales de l'Amérique du Nord avaient bien été découvertes par les Normands dès le IXe siècle : ils avaient même fondé quelques établissements dans le Groenland, le Labrador et la Nouvelle-Écosse, et leurs expéditions forment un des chapitres les plus curieux de l'histoire des voyages. Mais les notions géographiques qu'ils acquirent furent peu considérables et ne profitèrent point aux navigateurs du reste de l'Europe. Le bruit de leurs conquêtes, qui se répandit à peine par la Scandinavie, l'Angleterre et les régions Baltiques, ne parvint pas jusqu'à ces contrées de l'Europe où l'attention se portait aux recherches de terres inconnues. Ils laissèrent peu ou point de relations de leurs voyages, et Colomb, quoiqu'il eût navigué dans les mers du Nord, ne les connut jamais ; tout le prouve : le silence qu'il garde là-dessus et dans ses lettres à Ferdinand et dans le rapport sur son expédition ; plus encore cette erreur même qui lui fit croire qu'il avait trouvé non un monde nouveau, mais seulement une extrémité de l'Inde. (Voir, pour plus de détails : *les Grandes découvertes maritimes*, par Edouard Cat, in-12. Paris, Degorce-Cadot, 1882, p. 104 et ss.)

CHAPITRE III

Départ. — Relâche aux Canaries. — Déclinaison de l'aiguille aimantée. — La mer des Sargasses. — Terre! — Guanahani. — Cuba. — Haïti. — Retour de Christophe Colomb. — Son triomphe.

Les trois caravelles partirent d'un petit port alors assez florissant, aujourd'hui encombré par les sables et le limon, le port de Palos. La *Santa Maria* était commandée par Colomb, amiral; les deux autres, la *Pinta* et la *Niña*, par les Pinzon, qui avaient une part dans les frais de l'entreprise. On navigua d'abord vers le sud-ouest pour faire relâche à Gomera, une des Canaries. Ces îles étaient visitées alors par de nombreux navires; c'était la station obligée de tous ceux qui s'aventuraient dans l'Atlantique, à la recherche de terres inconnues; c'était, comme l'a dit fort bien A. de Humboldt, un point d'attente et d'espérance.

On y fut retenu trois semaines par la réparation d'un des navires dont le gouvernail avait été brisé, puis, après avoir aperçu Ténériffe et l'île de Fer, on gagna la haute mer; le grand archipel africain n'apparut plus bientôt à l'horizon que comme une légère bande de brume dominée par les feux du volcan de Ténériffe. C'était comme le point extrême de la patrie, la limite presque du monde, à ce que croyait le vulgaire; au delà, c'était la mer ténébreuse, l'inconnu. Aussi, malgré la confiance qu'ils avaient dans leur chef, bien des matelots tremblaient, et quelques-uns pleurèrent quand les dernières terres furent hors de vue.

On navigua vers l'ouest tout droit et, pendant des semaines, on n'eut d'autre spectacle que celui de la mer sans bornes et du ciel. Une chaleur torride accablait les marins et faisait craindre à plus d'un qu'ils ne fussent bientôt arrivés aux régions où l'ardent soleil brûle toutes les choses animées. Bientôt, heureusement, la température devint meilleure; de fraîches brises adoucissaient l'air, et le courage revenait aux aventuriers. Colomb est tout charmé. « Nous avions, dit-il, de véritables matinées de printemps, semblables aux plus belles de l'Andalousie; il ne manquait, pour compléter l'illusion, que d'entendre le rossignol chanter. »

Pour encourager ses compagnons, l'amiral usait d'un stratagème; il tenait deux livres de loch : l'un exact et qu'il lisait seul, un autre où les distances parcourues étaient marquées moins fortes qu'elles n'étaient réellement et que pouvaient voir tous les hommes du bord. Ainsi personne ne connaissait le long chemin déjà parcouru par Colomb, dont l'âme ardente, passionnée, confiante dans l'avenir, n'était capable ni d'abattement ni de crainte. Chaque jour, il avait à lutter contre l'ignorance et les superstitieuses terreurs de ses matelots.

Une fois, un phénomène alors inexpliqué vint les effrayer tous et causer à l'amiral lui-même une certaine inquiétude. Le 13 septembre 1492, les boussoles, dont la direction avait été jusque-là au nord, en inclinant vers l'est, déclinaient. Le 17 septembre, cette déclinaison était devenue très forte, ce qui effraya beaucoup les pilotes. Colomb leur expliqua d'une façon assez plausible cette déclinaison magnétique, et l'équipage reprit quelque confiance.

Quelques jours après, nouveau sujet de terreur. Le navire était enveloppé de toutes parts de longs paquets d'herbes flottant à la surface de l'Océan ; puis à ces paquets d'abord isolés, succéda comme une immense prairie d'algues et de varechs, qui semblait sans bornes ; c'était, au dire des matelots, la limite dernière du monde terrestre et, au delà, il n'y avait plus que l'Enfer. Déjà, ils parlaient de forcer Colomb à revenir et se mutinaient ; mais on sortit bientôt de cette mer d'herbes, appelée la *Mer des Sargasses*, et l'amiral, exhortant de nouveau les siens, releva les esprits abattus.

D'ailleurs, quelques signes semblaient indiquer le voisinage des terres ; des poissons du genre de ceux qui ne quittent guère les côtes venaient jouer autour des navires, des bandes d'oiseaux venaient se percher dans les mâts, puis repartaient dans la direction du sud-ouest. Ces signes, qui rendaient espérance et courage, se multipliaient chaque jour ; et, pourtant, la mer s'étendait toujours au loin, et la terre n'apparaissait pas. Cependant, depuis si longtemps qu'on naviguait vers l'ouest on aurait dû rencontrer quelque archipel ou quelque île avant-garde du continent prochain: cependant, et Colomb lui-même s'étonnait, on avait déjà dépassé de beaucoup la distance marquée par Toscanelli, sur la carte, entre les Canaries et Cipangu. Un des Pinzon opina pour qu'on fît voile vers le sud-ouest, dans la direction que prenaient toutes les bandes d'oiseaux. Colomb y consentit, mais le lendemain il fit reprendre la route vers l'ouest. Comme tous les capitaines de ce temps, il faisait de fréquentes allocutions appropriées au caractère de ses marins; il leur montrait Dieu leur donnant une mer calme et des vents favorables, les conduisant comme par la main à travers l'Océan et leur envoyant des présages de la proximité de la terre, pour les encourager, quand ils commençaient à faiblir. Il ajoutait que la terre ne pouvait être loin, recommandait de faire bonne garde la nuit, afin de l'apercevoir aussitôt que possible, et promettait d'ajouter, à la forte somme donnée par le roi, un pourpoint pourpre pour récompense à celui qui la verrait le premier.

Un jour, les signes du voisinage des terres étaient plus nombreux que de coutume; le soir, tout le monde veilla à bord, chacun cherchait à distinguer dans la brume et la nuit noire quand, tout à coup, un matelot de l'équipage de Pinzon et Colomb lui-même crièrent: « Terre! terre! » Et chacun de se féliciter et de se réjouir; on mit en panne et, le lendemain, aux premiers feux du jour, on vit une île assez grande, basse et couverte d'arbres magnifiques. Des hommes nus et tatoués couraient sur le rivage, semblant inviter les étrangers à descendre. On était sauvé; on appela l'île *San-Salvador*[1]!

Colomb et ses lieutenants, vêtus d'habits magnifiques, tenant en main des étendards brodés aux armes de Castille, descendirent dans des barques suivis d'hommes armés. Puis, suivant la coutume, ils s'agenouillèrent sur le rivage, plantèrent leurs drapeaux et des croix, et prirent ainsi d'une façon solennelle possession de l'île qu'ils venaient de découvrir. Puis ils entrèrent en rapport avec les indigènes; ceux-ci, le premier moment de frayeur passé, étaient venus en foule vers les Européens. Ils avaient reçu avec de grandes démonstrations de joie de menus objets, de la verroterie et donnèrent en échange des vivres et du coton filé, seul objet de commerce qu'il y eût parmi eux. Singulière fut cette entrevue première des hommes de l'ancien monde et du nouveau. Pour ceux-ci, ils avaient été frappés d'admiration en voyant les grandes maisons avec des ailes qui voguaient sur les flots; le canon tonnant leur avait paru tout semblable au tonnerre; ils crurent qu'ils avaient devant eux des êtres supérieurs, ils regardèrent les Européens comme des dieux; comme des fils du ciel qui venaient visiter les terres. Les Espa-

(1) Les habitants l'appelaient *Guanahani*, et les Anglais l'ont nommée *Cat's Island*; ce terme est celui dont on se sert aujourd'hui le plus ordinairement.

gnols, de leur côté, furent bien étonnés du teint et des traits des insulaires, ainsi que de leur façon de vivre; les animaux et les plantes de ce monde inconnu firent leur admiration, et ils rêvèrent aussitôt d'immenses richesses et des plaisirs sans bornes.

Colomb visita ensuite un grand nombre de petites îles (îles de la Conception, la grande Exuma, l'île Longue, les Mucaras), qui lui parurent fort belles : « Les fleurs et les arbres, dit-il, répandaient un si doux parfum que nous respirions l'air avec délices. » Le 28 octobre, on aperçut Cuba et on mouilla à l'embouchure d'un large fleuve qu'on nomma San-Salvador.— Le 30, on fut en face du cap des Palmes : « Les Indiens de Guanahani que Colomb avait amenés avec lui prétendaient qu'il y avait derrière ce cap un fleuve, et de ce fleuve à Cuba quatre jours de marche. Martin-Alonzo Pinzon crut comprendre que ce qu'ils appelaient ainsi devait être une ville, que le pays s'étendait au loin vers le Nord, et que le roi était en guerre avec le Grand-Khan nommé par eux Cami. L'amiral décida qu'il fallait envoyer un présent au roi de Cuba, et il ajouta qu'il fallait se hâter de se rendre auprès du Grand-Khan, dont la résidence devait être non loin de là, ou dans la ville du Cathay. » L'amiral envoya une ambassade de six personnes parlant le juif, le chaldéen et l'arabe, avec deux naturels de Guanahani. Ils rencontrèrent, au lieu indiqué par les habitants, un groupe de cinquante huttes; ils furent bien accueillis; on les mena à la plus belle et la plus

Indigènes de San Salvador.

grande de ces constructions en leur prodiguant les égards, mais on ne put rien leur apprendre sur l'ipango, le Cathay, le Grand-Khan.— Seulement, quand Colomb, quelques jours plus tard, dans l'île d'Haïti, nommée par lui Hispaniola, demandait aux habitants où ils trouvaient de l'or, ceux-ci répondaient *Cibao* [1] ; Colomb comprenait Cipango et cela le maintenait dans cette erreur qui lui avait fait envoyer une ambassade à un principicul des Antilles, comme s'il était le Grand-Khan.

Ainsi tout joyeux de l'œuvre si difficile et si grande qu'il venait d'accomplir, Colomb n'en avait cependant pas vu toute la portée. Il croyait avoir trouvé une route vers les Indes et avoir reconnu quelques-unes des îles voisines du continent asiatique ; personne ne soupçonnait un monde nouveau. Aussi prit-on l'habitude d'appeler les habitants d'un nom qu'ils ne connaissaient pas et qui ne leur convient point. On se croyait dans les Indes ; on les appela Indiens, et cet usage, malgré ce qu'il a d'irrationnel, a prévalu.

Colomb, après être quelques mois encore resté dans ces parages dut songer à revenir en Europe. La *Pinta*, que commandait Martin-Alonzo Pinzon, s'était écartée des deux autres caravelles pendant ces voyages et avait été bientôt hors de vue. Marin habile, soldat courageux, plus riche que l'amiral, Pinzon ne pouvait supporter la supériorité de rang de celui-ci. Il s'était séparé ainsi de la flottille pour aller faire, à lui seul, quelque

---

[1] Nom des montagnes d'Haïti, où sont des mines d'or.

chose de glorieux et de grand, et pour aller ré-
clamer à la cour d'Espagne la meilleure part du
mérite des nouvelles découvertes. Quelque temps
après, un autre vaisseau, la *Santa-Maria*, fut brisé
sur des rochers ; Colomb n'ayant plus à son service qu'une seule caravelle la *Niña* reprit la route
qu'il avait faite en sens inverse et le retour s'ef-
fectua sans incident remarquable.

Colomb arriva à Palos après un voyage de sept
mois et demi. On ne découvrit pas plus tôt le
vaisseau que les habitants de la ville se rendirent
en foule sur le rivage pour féliciter leurs parents
et leurs compatriotes, qu'on avait crus perdus ;
tous étaient avides d'entendre le récit de ce mer-
veilleux voyage. Lorsqu'ils en apprirent le succès,
qu'ils virent les Indiens, les animaux inconnus
et les productions singulières qu'on apportait des
pays découverts, la joie devint universelle. On
sonna les cloches. on tira le canon ; Colomb fut
reçu avec tous les honneurs qu'on a coutume de
rendre à un souverain, et tout le peuple l'accom-
pagna jusqu'à l'église, où l'on rendit grâce à Dieu
d'avoir béni le plus long voyage qui eût jamais
été entrepris.

La cour était alors à Barcelone, et la première
chose que fit Colomb fut de donner avis au roi
et à la reine de son arrivée et de ses succès. Ferdinand et Isabelle, ravis et surpris tout à la fois
d'un événement aussi imprévu, lui répondirent
dans les termes les plus flatteurs et les plus obli-
geants, en le priant de se rendre immédiatement
à la cour, pour qu'ils pussent recevoir de sa

propre bouche le récit détaillé des services qu'il venait de leur rendre et des découvertes extraordinaires qu'il avait faites. Sur la route de Barcelone, les habitants des provinces voisines accoururent en foule pour voir Colomb et le suivirent partout avec admiration. Ferdinand et Isabelle ordonnèrent son entrée d'une manière proportionnée à un événement qui augmentait la gloire de leur règne. Les Américains qu'il avait amenés avec lui marchaient les premiers. Leur parure sauvage, la singularité de leur teint et de leurs traits les faisaient paraître des êtres d'une espèce nouvelle et inconnue. Ensuite, on portait les ustensiles et les diverses productions du nouveau monde. Les ornements d'or façonnés par l'art grossier de ces peuples, ainsi que les grains d'or trouvés dans les montagnes et la poussière de ce même métal ramassée dans le lit des rivières, ne furent point oubliés. En dernier, fermant la marche, venait Colomb, accompagné de quelques-uns de ses vaillants marins. C'était une marche triomphale, semblable à ces pompes que la Rome antique accordait à ceux qui avaient agrandi son empire.

La foule bruyante ne pouvait se lasser d'admirer et d'applaudir l'homme extraordinaire qui, par une route ignorée des anciens, avait conduit les Espagnols à la découverte d'un nouveau monde. Ferdinand et Isabelle, revêtus de leurs habits royaux, le reçurent assis sur un trône magnifique. Le roi et la reine se levèrent lorsqu'il entra, le relevèrent comme il se mettait à genoux pour leur baiser la main. Ils le firent asseoir sur un

siège qu'on avait préparé pour lui et lui dirent de
leur rendre compte de son voyage. Il le fit avec
cette gravité et ce sérieux qui convenaient à
l'humeur des Espagnols et à la dignité de ceux à
qui il parlait. Quand il eut terminé son récit, le
roi et la reine se mirent à genoux pour remercier
Dieu d'une découverte qui promettait de si grands
avantages à leurs sujets et à leur couronne.

Ferdinand et Isabelle accordèrent à Colomb tous
les honneurs que la reconnaissance et l'admiration
purent leur suggérer. Ils confirmèrent par lettres
patentes, tant pour lui que pour ses héritiers,
tous les privilèges contenus dans le traité conclu
à Santa-Fé. La famille du navigateur fut anoblie.
Le roi, la reine, et, par suite, tous les grands de
la cour disputèrent à qui lui témoignerait le plus
d'attention et de respect. Mais ce qui flatta le
plus un esprit aussi actif et aussi entreprenant que
Colomb, ce fut, sans doute, l'ordre d'équiper une
flotte assez forte pour lui permettre non seulement de prendre possession des pays découverts,
mais de poursuivre et d'étendre ses découvertes.

Le bruit des découvertes de Christophe Colomb
se répandit rapidement par toute l'Europe ; le
vulgaire, toutefois, n'en sut rien ; personne alors
n'écrivait pour lui, le peuple d'ailleurs ne savait
pas lire. Seuls les savants connurent ces merveilles et en purent apprécier l'importance. Ils
étaient tout étonnés de ces découvertes, qui por-
taient un rude coup à l'autorité scientifique des
anciens et agrandissaient le monde ; ils en rece-
vaient la nouvelle avec une joie mêlée d'admira-

tion. Pierre Martyr, Italien qui était à la cour d'Espagne et avait des relations avec tous les esprits distingués du temps, interrogeait les marins revenus de là-bas : il écoutait Colomb et il écrivait au pape, à des cardinaux, à des princes, à des érudits tout ce qu'il pouvait apprendre. Il était parmi les plus enthousiastes et disait un jour dans une de ses lettres à Pomponius Laeto, savant italien : « Vous me marquez, mon cher
» Pomponius, que vous avez tressailli de joie et
» que vous avez eu de la peine à retenir vos larmes,
» lorsque vous avez vu par ma lettre que l'on
» venait de découvrir les antipodes, dont on igno-
» rait l'existence. Je comprends bien l'effet que
» cette nouvelle a dû produire sur vous. Il a été
» tel qu'on devait l'attendre d'un homme aussi
» savant que vous êtes. Quelle nourriture, quel
» mets plus succulent pour les hommes de génie !
» Je juge de vous par moi-même. Mes esprits et
» mes sens se raniment lorsque je puis avoir un
» moment d'entretien avec ceux qui sont revenus
» de ces pays. Laissons aux avares le plaisir d'amas-
» ser de l'argent et aux sensuels celui de satisfaire
» leurs passions ; et après avoir rendu à Dieu ce
» que nous lui devons, faisons consister le nôtre à
» nous occuper de ces sortes de découvertes. »

Appendice. — Robertson raconte ainsi, d'après Oviedo, une mutinerie des matelots de Colomb : « Après n'avoir vu, pendant un mois, autre chose que la terre et l'eau, leurs espérances s'évanouirent, leurs craintes redoublèrent. L'impatience, la rage, le désespoir étaient empreints sur tous les visages. On ne connut plus de subordination. Les officiers, qui jusqu'alors avaient adopté le sentiment de Colomb et soutenu son autorité, se mirent du côté des matelots. Ils s'assemblèrent tumultueusement sur le pont et, joignant les prières aux menaces, ils le sommèrent de virer de bord et de retourner en Europe. Colomb comprit qu'il était inutile de recourir à des expédients qui avaient perdu leur effet à force d'être employés, de vouloir inspirer du zèle pour son entreprise à des gens chez qui la crainte avait éteint tout sentiment d'honneur. Il jugea que la douceur ne réussirait pas mieux que la violence pour apaiser une mutinerie aussi générale et aussi vive. Il fut donc obligé de flatter des passions qu'il était incapable de réprimer et de laisser un libre cours à un torrent trop impétueux pour pouvoir être arrêté. Il promit solennellement à ses équipages de leur accorder leur demande, s'ils voulaient lui obéir encore trois jours, ajoutant que, s'ils ne découvraient pas la terre au bout de ce temps-là, il renoncerait à son entreprise et qu'on retournerait en Espagne. Les matelots, quoique fort irrités et impatients de retourner dans leur pays natal, ne trouvèrent pas sa proposition déraisonnable. Colomb ne courait aucun risque en fixant un terme aussi court. Les présages qui annoncent la proximité d'une terre étaient si nombreux et si favorables qu'il les regarda comme infaillibles. En effet, le soir du troisième jour, on aperçut au loin une lumière; on était près de la terre tant désirée. » On a élevé des doutes sur la réalité de cette scène si dramatique ; en effet, Ferdinand Colomb n'en parle pas dans l'histoire de son père, ni les premiers écrivains qui racontèrent la découverte de l'Amérique.

CHAPITRE IV

L'enthousiasme pour les voyages et les conquêtes lointaines avait été surexcité par le glorieux retour de Christophe Colomb, et pendant six mois l'Espagne entière sembla frappée de folie. Ceux qui avaient fait partie de la première expédition disaient mille merveilles de la belle et grande île d'Haïti, qu'on avait dénommée la Petite-Espagne ou *Hispaniola*. Ils dépeignaient son beau ciel, son doux climat, ses grands arbres, ses sites enchanteurs; on ne parlait à la cour, à la ville, dans les champs que des perroquets, des Indiens, de l'or, des épices. On fondait sur des richesses à peine entrevues de folles espérances. Ferdinand et Isabelle rêvaient la domination sur des empires immenses. Colomb, avec son âme ardente, impressionnable, ne songeait à rien moins qu'à amasser d'énormes richesses pour relever Jérusalem et recommencer les croisades; le clergé, enthousiaste aussi, voyait des millions d'Indiens, êtres doux et faibles, à convertir au christianisme. Marins et prêtres, marchands et soldats étaient prêts à s'enrôler sous la bannière de Colomb pour soumettre les pays ou conquérir les âmes. Aussi la nouvelle expédition eut-elle des proportions autrement grandes que la première. Elle comptait dix-sept navires. dont trois grands vaisseaux. L'équipage se composait des meilleurs pilotes et des plus habiles marins de l'Espagne. A bord, des nobles, des soldats, des prêtres, des ouvriers de tout genre, des aventuriers hardis et cupides au nombre de mille deux cents; des grelots, des verroteries, des miroirs, des étoffes, des chevaux, des bestiaux, des graines, des plantes, des médicaments.

La flotte partit du port de Cadix, le 25 septembre 1493, en présence d'un immense concours de spectateurs, jaloux de la fortune de ceux qui partaient. Après avoir relâché à l'île de Fer, on découvrit la Dominique, Marie-Galante, la Guadeloupe, Montserrat, Sainte-Croix. On était dans l'archipel habité par les Caraïbes, presque tous anthropophages et dont le nom a été corrompu en celui de Cannibales. Tout, dans ces contrées, concourait à maintenir Colomb dans l'erreur qui lui faisait croire qu'il était aux Indes. L'or et les épices étaient communs dans les deux pays; le coton, production d'Amérique, existe aussi aux Indes: Colomb prenait le piment pour une variété du poivre et les alligators pour des crocodiles. Les productions des îles étant semblables à celles des Indes, raisonnait Colomb, on devait être dans le voisinage de cette région.

A Haïti (*Hispaniola*), Colomb espérait retrouver les quarante hommes qu'il y avait laissés à son premier voyage, abrités derrière un petit fort ; mais le fort était en ruine et nul Espagnol ne se montra. Un cacique indigène vint, en pleurant, raconter ce qui s'était passé : les Espagnols du fort avaient commis toute sorte de violences sur les Indiens ; ils s'établissaient dans les maisons de ceux-ci, enlevaient leurs femmes et forçaient les natifs à chercher l'or pour leur compte. Las et irrités, ceux-ci coururent aux armes et, grâce au nombre, enlevèrent le fort et massacrèrent tous les Européens.

Colomb voulut les venger et, dans une expédition vers l'intérieur, il châtia les Indiens et explora les mines de Cibao ; mais, malgré les assurances des naturels et la rencontre de quelques pépites, on trouva les mines trop pauvres pour fournir à une exploitation fructueuse. Sur ces entrefaites, l'amiral tomba gravement malade : les veilles, les émotions de toutes les heures, les fatigues incessantes avaient brisé son corps, et il ne revint à la vie que par suite des soins dévoués que lui prodiguèrent ses frères. En même temps, des dissensions fort graves s'élevaient entre les colons d'Haïti. Plusieurs des principaux étaient déjà repartis pour l'Espagne, ruinés et découragés. Tous ceux qui avaient accompagné Colomb murmuraient : ils n'avaient point trouvé la réalisation de leurs rêves trop brillants. Cette terre qu'on leur avait dit celle de l'or ne leur donnait que peu de chose ; les privations, les fatigues, les maladies les avaient abattus. — Où étaient les trésors promis ?

Colomb se plaignait, disant que leur oisiveté et leur insubordination étaient la cause de tout le mal. Il revint en Europe, laissant à son frère Barthélemy le commandement de l'ile d'Haïti, où il avait fondé une petite ville nommée *Isabella*, en l'honneur de la souveraine, sa protectrice. Il dut, à la Guadeloupe, faire une expédition contre les insulaires, lutter un grand mois contre les tempêtes et les vents alizés, et arriva enfin, le 11 juin, dans la baie de Cadix.

Des calomnies s'étaient répandues sur son compte ; la population l'accueillit sans enthousiasme, lui imputant tous les mécomptes subis, passant, comme il est ordinaire, de l'admiration la plus vive à une complète indifférence. Mais l'accueil que les deux souverains firent à l'amiral, sans être semblable à celui du premier retour, fut de nature à le rassurer. Cependant, lorsqu'il proposa une troisième expédition, il remarqua plus de froideur. Puis, l'envie et les intrigues de quelques hauts fonctionnaires retardèrent son départ.

CHAPITRE V

Colomb, revenant de son second voyage, ramenait avec lui des Indiens, de l'or et des plantes ; il espérait, en promenant par l'Espagne ces Indiens ornés d'or et de perles, en racontant partout qu'il avait trouvé l'Ophir des anciens, d'où Salomon tirait ses trésors, il espérait ranimer l'enthousiasme et entraîner vers les terres récemment découvertes un grand nombre d'aventuriers et de travailleurs. Mais l'insuccès de la première tentative rendait chacun plus circonspect ; les adhésions étaient rares. La cour, préoccupée de grands événements politiques, n'avait pas l'argent nécessaire à une nouvelle expédition. L'intrigue aussi apportait chaque jour de nouveaux obstacles. Colomb était étranger ; il était fier de ce qu'il avait fait, fier de son titre et de son pouvoir, et les courtisans savaient mille manières de le faire tomber en disgrâce et d'abattre cet orgueil qui les blessait. Tout bas d'abord, bientôt publiquement et à haute voix, on accusa Colomb d'abuser de son titre de vice-roi et on lui fit un crime d'avoir nommé le gouverneur d'Española. Ferdinand parut prêter à ceux qui parlaient ainsi une oreille favorable ; il était froid, susceptible, jaloux de son autorité. A Isabelle on peignit l'amiral traitant durement les Indiens, et le cœur sensible de la reine s'émouvait au récit des horreurs commises dans le nouveau monde. Colomb usa deux années dans ces luttes sourdes, sentant la calomnie faire son œuvre, voyant son crédit s'amoindrir, mais gardant sa hauteur et sa fierté, refusant de changer contre cinquante lieues de domaines, dans la Nouvelle-Espagne, les droits et privilèges qu'on lui avait donnés ; parfois encore, lorsque les souverains daignaient lui prêter attention, il les animait au récit de ses exploits et les entraînait avec lui à de chimériques espérances.

Enfin, après de longs atermoiements et d'interminables remises, une nouvelle flotte fut équipée dans le port de San-Lucar de Barrameda, composée de six vaisseaux, portant, outre l'équipage, deux cents chercheurs d'aventures. On fit voile vers les Canaries, et là, Colomb envoya trois de ses vaisseaux par la route directe à Española, tandis que lui-même longeait la côte d'Afrique jusqu'aux établissements de Sierra-Leone. Le 31 juillet, après un mois de navigation en haute mer, après avoir souffert d'une chaleur torride, on reconnut l'*île de la Trinité*, puis une côte basse, entrecoupée par les branches de l'Orénoque, et qu'on nomma *île de Gracia*.

Un phénomène singulier surprit Colomb en ces parages : « A une heure avancée de la nuit, dit-il,

» étant sur le pont, j'entendis une sorte de rugis-
» sement terrible ; je cherchai à pénétrer l'obscu-
» rité et tout à coup je vis la mer, sous la forme
» d'une colline aussi haute que le navire, s'avan-
» cer lentement du sud vers mes vaisseaux. Au-
» dessus de cette élévation, un courant arrivait
» avec un fracas épouvantable. Je ne doutais
» point que nous ne fussions au moment d'être
» engloutis, et aujourd'hui encore j'éprouve à ce
» souvenir un saisissement douloureux. Par bon-
» heur, le courant et le flot passèrent, se diri-
» gèrent vers l'embouchure du canal, y luttèrent
» longtemps, puis s'affaissèrent. » Colomb se
trouvait près de ces fleuves immenses qui, par-
courent l'Amérique entière, recevant d'innom-
brables affluents, font reculer l'Océan devant
leur énorme masse d'eau, de sorte qu'on trouve
encore de l'eau douce quand on se croit déjà en
pleine mer.

Dans ce mémorable voyage, Colomb avait reconnu toutes les côtes de l'Amérique du Sud et il
en avait dressé la carte, sans doute assez gros-
sière et assez incomplète, car les vents et les
courants l'avaient empêché d'évaluer d'une façon
bien exacte la route parcourue ; mais enfin il
avait abordé le nouveau continent : ajoutons, au
surplus, qu'il n'eut pas lui-même une notion bien
claire de cette importante découverte. Il crut
d'abord avoir trouvé plusieurs grandes îles, les
unes basses, les autres montagneuses, couvertes
d'une magnifique verdure, habitées par une race
plus blanche, plus intelligente, plus civilisée que

celle des Antilles. Leurs maisons étaient faites avec plus d'art, leurs canots plus légers et mieux construits que ceux des autres peuplades. Plus tard, Colomb revenant à parler de l'île Sainte (embouchure de l'Orénoque) et de la terre de Gracia (péninsule de Paria), de la rivière et du lac, si grand que c'est une mer plutôt qu'un lac, exprime la conviction que, si cette rivière ne sort pas du Paradis terrestre, elle vient d'une terre immense qui était jusqu'alors inconnue ; mais il ajoute qu'en y songeant bien, il est de plus en plus persuadé que vers cette terre de Gracia se trouve le Paradis terrestre. Et alors l'idée naît, indistincte et confuse, que ce pourrait être un nouveau continent. « Ce serait une chose admi- » rable, dit-il, et qui étonnerait tout le monde » savant qu'il y eût là la terre ferme. »

Ce voyage, commencé si péniblement, dont beaucoup n'attendaient que des résultats médio- cres, avait donc réussi pleinement. Colomb avait vu le grand continent de l'Amérique du Sud : il en avait reconnu la côte septentrionale, au moins dans son ensemble. Il avait agrandi le domaine que possédait l'Espagne en ces régions nouvelles et il avait, une fois encore, montré aux naviga- teurs la voie qu'ils devaient suivre pour des recherches fructueuses. Mais la fin du voyage ne devait pas répondre à ces heureux débuts, et Colomb devait éprouver qu'il n'y a pas loin du triomphe à la peine. Quand il arriva à Española, il trouva partout la dissension, le mécontente- ment, la misère. Les Espagnols d'Isabella n'avaient pu souffrir la moindre autorité, et s'étaient soulevés contre le gouvernement de Barthélemy Colomb; les travaux de construction de la ville avaient été interrompus, et les matériaux restaient çà et là, épars, abandonnés. Les Indiens avaient fui dans l'intérieur, pour échapper aux violences et aux exigences des blancs. Tout le monde cherchait de l'or; personne ne cultivait la terre, et les convois d'Espagne n'arrivaient qu'à de très longs intervalles. On mourait donc de faim. La discorde fut à son comble quand Colomb arriva. Il ratifia tous les actes de l'administration de son frère, ce qui ne réussit pas à calmer les révoltés; puis voulut purger la colonie de tous ces hommes sans foi ni loi qu'on avait acceptés aux premiers jours de la colonisation et annonça que ceux qui voudraient retourner en Espagne pourraient prendre place à bord des vaisseaux en partance. Bien peu profitèrent de cette occasion de se rapatrier. La colonie resta pleine d'hommes violents et grossiers, pleine de querelles et de troubles.

Par ces vaisseaux, Colomb envoyait à Ferdinand et Isabelle des lettres où il justifiait sa conduite et celle de son frère; il demandait qu'un arbitre fût envoyé pour juger les différends et rendre le calme à la ville agitée. Mais les plaintes déraisonnables des colons d'Española étaient déjà parvenues à la cour d'Espagne. La calomnie s'y était donné libre cours. On était prévenu contre Colomb, et, au lieu d'un arbitre impartial et calme, on envoya un seigneur de la maison du

Scène de funérailles indiennes, d'après Jean de Levy.

roi. don Francisco de Bobadilla, commandeur de l'ordre religieux et militaire de Calatrava. Des lettres patentes, scellées du sceau royal, lui donnaient les pouvoirs les plus étendus, avec une sorte de permission d'en user contre Colomb lui-même. Les caravelles de Bobadilla entrèrent, le 23 août 1498, dans le port de Saint-Domingue. Diego commandait alors la ville, tandis que Barthélemy parcourait l'île à la poursuite de bandes rebelles et que Colomb, épuisé de fatigue, se remettait au fort de la Conception.

Bobadilla agit en maître absolu; il fit prêter à Diego serment d'obéissance, s'empara de la forteresse et de la ville, et s'installa dans la maison même du gouverneur amiral et vice-roi : « Le » commandeur, dit Colomb, en arrivant à Saint- » Domingue, se logea dans ma maison et, telle » qu'elle était, il se l'appropria avec tout ce qui » était dedans. A la bonne heure ! peut-être en » avait-il besoin. Un corsaire n'en use jamais de » la sorte avec les marchands. »

Quelques jours après, Diego fut appelé au palais, et, sans explication, sans forme d'inter-rogatoire ou de jugement, il fut jeté au fond d'une prison; Barthelémy fut traité de même, puis enfin l'amiral.

Bobadilla avait hésité quelque temps. Christophe Colomb était maître d'un lieu fort, à la tête d'une petite armée ; l'autorité dont il était investi, la gloire qu'il avait acquise en faisaient un homme à craindre ; peut-être résisterait-il et se rendrait-il coupable de lèse-majesté. Le commandeur l'espérait. Christophe Colomb reçut avec une morne stupeur l'ordre de venir au palais, sans armes et sans suite. Il vint, grand, digne, sans montrer ni haine ni colère ; il fut aussitôt mis aux fers.

Un navire attendait à l'ancre ; les trois frères Colomb y furent embarqués, enchaînés comme de vils criminels. Les chefs du navire voulurent les débarrasser de leurs entraves ; mais Colomb refusa et les garda pendant toute la traversée. À Cadix, à Séville, à Palos, dans toute l'Espagne, quand on apprit que Colomb revenait enchaîné, il y eut un mouvement général d'indignation. Celui qu'on avait vu naguère revenir en Espagne comme un triomphateur y rentrait aujourd'hui en condamné ! Et les motifs de ce changement si brusque étaient des accusations si vagues, si incertaines, que personne n'en tenait compte. On ne voyait que l'humiliation et le malheur d'un grand homme ; il était victime de calomnies et de complots ; tous s'irritaient de l'injustice commise. L'opinion publique, unanime, entraîna la cour ; un ordre vint de mettre en liberté les trois frères et de leur rendre les honneurs auxquels leurs titres leur donnaient droit. Colomb parut devant les souverains avec une suite nombreuse et un certain apparat ; il n'eut pas à se défendre ; il parut, et on lui rendit tous les privilèges qu'on lui avait jadis accordés. Même on lui accorda le nécessaire pour un quatrième voyage d'exploration.

CHAPITRE VI

Changement de Colomb. — La lettre au roi et à la reine.
— Découverte du Honduras. — Révoltes des matelots. —
Disgrâce de Colomb. — Sa mort.

Le 9 mai 1502, Christophe Colomb partait du
port de Cadix avec quatre caravelles et 150 hommes. Mais ce n'était plus le même homme que
celui qui avait découvert l'Amérique. Sa haute
taille majestueuse s'était courbée sous le poids
de soixante-six ans ; son œil bleu n'avait plus
cette flamme qui indique l'homme aux grandes
pensées ; sa main débile pouvait à peine tenir
l'épée. Mêmes changements au moral : plus de
grandes et fécondes illusions ; plus de fermeté,
plus d'audace. C'était la vieillesse avec tous ses
chagrins, importune, morose, triste.

La relation que Colomb a écrite de ce voyage
est empreinte d'une profonde mélancolie. Le
désordre qui y règne trahit l'agitation d'une âme
fière blessée par une longue suite d'iniquités et
déçue dans ses plus légitimes espérances. Il faut
citer ici une page où le grand navigateur décrit
éloquemment les misères qu'il a subies : « Au
» moment même où j'attendais un navire pour
» me rendre auprès de Vos Altesses, afin de leur

» annoncer des victoires et des conquêtes qui
» leur assuraient des richesses immenses ; dans
» ce moment même, dis-je, où je me croyais le
» plus heureux des hommes, je me vis traîné
» sur un navire avec mes frères, chargé de chaînes
» sans avoir été ni condamné, ni même appelé en
» justice. Qui croira jamais qu'un malheureux
» étranger, sans motif et sans le secours d'aucun
» prince, ait songé à se révolter contre le Gouver-
» nement qu'il servait ? Pouvais-je méditer un tel
» projet, moi qui étais entouré des serviteurs de
» Vos Altesses, tous nés dans vos États, moi qui
» avais mes enfants à la cour ? J'entrai à votre
» service à l'âge de vingt-huit ans ; maintenant
» que mes cheveux ont blanchi, que je suis
» faible et malade, ce que possédaient mes frères,
» tout ce que j'avais, tout nous fut enlevé par nos
» ennemis ; ils me prirent jusqu'à mon manteau,
» sans vouloir ni me voir ni m'entendre. Il faut
» croire que tout ceci n'a eu lieu que contre vos
» ordres. Si cela est ainsi, comme je n'en doute
» pas, le monde entier sera instruit de mon inno-
» cence lorsqu'il apprendra que vous m'avez
» réintégré dans mes honneurs et que vous avez
» châtié mes ennemis. Cet exemple de justice
» retentira dans tous les pays, et l'Espagne con-
» servera un souvenir reconnaissant envers des
» princes justes et chéris. Les intentions pleines
» de zèle dont j'ai toujours été animé pour le
» service de mes souverains et les traitements
» injustes que j'en ai reçus m'obligent, malgré
» moi, de laisser échapper les douloureux senti-

« ments qui remplissent mon cœur. J'en demande
« pardon à Vos Altesses.

» C'est ainsi que j'ai traîné ma malheureuse exis-
» tence toujours condamné aux pleurs par la mé-
» chanceté de mes ennemis; cependant, que Vos
» Altesses aient pitié d'eux! Que le ciel maintenant
» pleure pour moi, que la terre pleure aussi! que
» l'être sensible, juste et charitable pleure sur mon
» sort! Abandonné des miens, malade, entouré
» de sauvages cruels, ayant toujours la mort de-
» vant les yeux, je languis dans ces îles éloignées
» de ma patrie, sans recevoir les consolations et
» les sacrements de la sainte Église, qui abandon-
» nera mon âme, si elle vient à quitter sa dé-
» pouille. Je n'ai point entrepris ce voyage dans
» l'intention de m'enrichir, ni pour obtenir des
» honneurs; cet espoir était déjà éteint pour moi!
» Je suis venu dans ces contrées pour servir Vos
» Altesses et pour le triomphe de notre religion.
» Je vous supplie donc, dans les cas où, à l'aide de
» Dieu, je sortirais de ce pays, de me permettre
» de faire le pèlerinage de Rome et autres lieux
» saints.

» Datée de la Jamaïque, île des Indes, le 7 juillet 1503. »

Ainsi Colomb est triste, las, abattu; mais, en
dépit des mécomptes et des continuelles désespé-
rances, il cherche encore : il va en avant, comme
ces coursiers, mortellement blessés, qui courent
tout droit devant eux, emportés par le premier élan,
alors que déjà la mort les envahit et leur ôte la
force. C'est par là qu'il mérite bien ce beau nom

de *descubridor* (de découvreur), que lui donnent
les Espagnols; c'est là encore un des traits sail-
lants et sympathiques de son caractère.

La flottille qu'il commandait toucha à la Dominique, à Porto-Rico, puis à Saint-Domingue; le
voyage avait été fort rude et de grandes tempêtes
avaient plus d'une fois jeté le navire hors de sa
route; on espérait se ravitailler dans ce port et
se reposer des dures fatigues qu'on venait d'en-
durer. Malheureusement, c'était Ovando qui commandait dans l'île, un ennemi de Colomb; il fit
défendre à Colomb de débarquer, et il fallut gagner
le large avec un équipage furieux et harassé.
Une courte navigation vers l'ouest fit reconnaître
la terre ferme de Guatemala et de Honduras, puis
on se dirigea vers le sud et on explora le golfe
Darien. Comme dans le voyage précédent, Colomb
prenait une nouvelle fois possession du continent
à la découverte duquel il avait conduit. Il essaya
même d'y fonder une colonie, et son frère Barthélemy fit une expédition dans l'intérieur pour
chercher des mines d'or. Mais les guerres avec les
Indiens, les dissensions des Européens entre eux
et une tempête qui abîma les vaisseaux le forcèrent
de renoncer à ses projets.

Après avoir perdu trois mois dans ces parages
insalubres et dangereux, on revient à la Jamaïque,
où Colomb est forcé d'échouer ses navires. L'équipage campe sur le bord de la mer, inquiet, mé-
content, farouche; il se révolte, menace de mettre
à mort l'amiral; celui-ci recouvre un instant son
énergie d'autrefois et contient les matelots. Mais

ils manquent de vivres; Ovando, gouverneur d'Haïti, à qui on avait demandé des secours, met une lenteur coupable à les faire parvenir. Ils arrivent enfin, et Colomb et ceux qui l'avaient accompagné reviennent en Europe, après avoir lutté contre une effroyable tempête.

Un voyage aussi désastreux n'était point fait pour rendre à Colomb la confiance qu'il avait depuis longtemps perdue; il fut, après son retour en Espagne, plus triste et plus découragé que jamais. La reine Isabelle, seule, lui témoignait encore une admiration bienveillante; elle nommait le plus jeune frère de l'amiral seigneur de sa maison et lui donna, chose fort rare à cette époque, le titre de citoyen espagnol. Mais cette femme distinguée, qu'un écrivain du temps a appelée le *miroir de vertu de la chrétienté*, mourut le 26 novembre, et Colomb reste isolé, sans protecteur, sans appui. Ses lettres sont tristes. Il écrit : « Je suis très malade et, par ce temps de douleur, ma reine, ma souveraine (que Dieu garde!) est morte. » Ferdinand, nature froide, esprit peu clairvoyant, ne comprenait pas les services que Colomb, peut-être, pouvait rendre encore, et il semblait avoir perdu le souvenir de ceux rendus. Un vain titre d'amiral, quelques maravédis qu'on lui envoyait comme sa part (10 0/0) des bénéfices du commerce avec le nouveau monde, voilà tout ce que l'illustre Génois avait pu garder de tant de choses qu'on lui avait promises.

En avril 1506, les nouveaux monarques de Castille, Philippe et Jeanne, arrivaient à la Corogne, et

Colomb mettait en eux quelque espoir. Mais il en fut bien vite déçu ; il sentait la mort venir ; il voyait sa famille tombée du haut rang où il l'avait élevée ; même il craignait pour elle l'avenir. Le 20 mai 1506, il rendit le dernier soupir, après avoir dit ces mots : « Seigneur, je remets mon esprit et mon cœur entre vos mains. » Il était âgé d'au moins soixante-dix ans.

CHAPITRE VII

Mérite de Colomb. — Vers du Tasse. — Appréciation de
Humboldt. — Pourquoi le nom de Colomb n'a pas été
donné au pays qu'il avait découvert. — Améric Vespuce.

Ainsi périt le grand découvreur de terres, audacieux et savant, énergique entre tous, supérieur
à tous les navigateurs du temps par la ténacité,
les connaissances variées et profondes, inférieur
à aucun par le courage. Quelques écrivains hyper-
critiques, et pour qui c'est une découverte que
d'avoir aperçu quelques taches dans la vie d'un
grand homme, se sont plu à rappeler ses accès de
colère et ses mouvements d'orgueil; ils l'ont dit
cupide et avare, parce qu'il avait exigé des pro-
messes de récompense et qu'ensuite il avait refusé
à Ferdinand de changer ses titres et privilèges
contre un vaste domaine en Espagne. Les précau-
tions qu'il avait prises contre l'ingratitude des
souverains ne sont que trop justifiées par la suite
des faits, et il avait montré un orgueil légitime le
jour où il avait refusé de déposer et d'échanger
contre des domaines ces noms de vice-roi et de
gouverneur qu'il voulait léguer à ses enfants
comme un patrimoine noblement acquis. Et s'il y
a dans la vie de Colomb, comme dans celle des
hommes les plus illustres, quelques heures de fai-

blesse et de passion mesquine. l'histoire les regarde sans s'y arrêter et l'acclamation de la postérité couvre la voix de ceux qui ont voulu rabaisser la renommée du *descubritor*.

Le Tasse [1] l'a célébré en beaux vers :

« Soudain ils voient un petit vaisseau et, sur la
» poupe, la femme qui doit les guider.

» Son front calme. ses regards paisibles annon
» cent la douceur ; sa figure ressemble à celle d'un
» ange ; une éblouissante splendeur l'environne.

» Un mortel de la Ligurie osera le premier s'a
» venturer sur ces ondes; ni le frémissement des
» vents, ni les mers inhospitalières. ni les climats
» incertains. ni la crainte des périls les plus for
» midables. rien ne pourra retenir son courage,
» sa généreuse ardeur. O Colomb ! tu dirigeras
» tes voiles heureuses vers un nouveau pôle ! A
» peine la Renommée suivra ton vol avec ses
» yeux et ses ailes sans nombre ! La Renommée
» célèbre Bacchus, Alcide ; sur toi elle arrête seu
» lement ses regards, et cela suffit à la postérité.
» La moindre de tes actions fournirait le sujet
» d'un poème, d'une noble histoire [2]. »

Un grand voyageur du commencement de ce
siècle, A. de Humboldt, apprécie ainsi le caractère
de Colomb :

« Colomb, aussi remarquable comme observa-

---

(1) *Torquato Tasso,* célèbre poète d'Italie, né le 11 mars
1544 ; aussi célèbre par ses infortunes que par son génie ;
mort le 25 avril 1595.

(2) Le Tasse, *Jérusalem délivrée,* ch. xv.

» teur de la nature que comme intrépide naviga-
» teur, ne se contente pas de recueillir les faits
» isolés : il les combine, il cherche leurs rapports
» mutuels ; il s'élance quelquefois avec hardiesse
» à la découverte des lois générales qui régissent
» le monde physique. Cette tendance à généraliser
» est d'autant plus digne d'attention que, avant la
» fin du XVᵉ siècle, on n'en voit pas d'autre
» essai... Au commencement d'une ère nouvelle,
» sur la limite incertaine où se confondent le
» moyen âge et les temps modernes, cette grande
» figure domine le siècle d'où il a reçu le mouve-
» vement et qu'il vivifie à son tour. »

Et ailleurs, en parlant de la découverte accom-
plie :

« Jamais une découverte purement matérielle,
» en étendant l'horizon, n'avait produit un chan-
» gement moral plus extraordinaire et plus du-
» rable ; il fut soulevé, alors, le voile sous lequel,
» pendant des milliers d'années, demeurait cachée
» la moitié du monde terrestre, semblable à cette
» moitié du globe lunaire qui restera invisible
» aux habitants de la terre tant que l'ordre actuel
» du système planétaire ne sera pas essentielle-
» ment troublé. Colomb a servi le genre humain
» en offrant un nombre presque infini d'objets nou-
» veaux à la réflexion : il y a eu par lui progrès
» de la pensée humaine ; et il ne faut pas se bor-
» ner aux étonnants progrès qu'ont fait simulta-
» ném ent la géographie, le commerce des peuples,
» l'art de naviguer et l'astronomie nautique,

» toutes les sciences physiques en général, la
» philosophie des langues agrandie par l'étude
» comparée de tant d'idiomes bizarres et riches de
» formes grammaticales ; il faut encore envisager
» l'influence qu'a exercée le nouveau monde sur
» les destinées du genre humain, sous le rapport
» des institutions sociales. »

La découverte de l'Amérique était assurée le
jour où Christophe Colomb avait abordé à l'îlot de
Guanahani. Il avait frayé la voie, où tant d'autres
après lui devaient s'engager ; il avait fait le premier pas, toujours le plus difficile. Il fallait donc
à ce monde nouveau donner le nom de celui qui
l'avait découvert et l'appeler la Colombie ; mais
l'ignorance et le hasard des circonstances lui im-
posèrent un autre nom, celui d'un navigateur de
second ordre, Améric Vespuce. C'était un Florentin, d'une famille aisée, instruit, et que le désir
de voir fit venir en Espagne et participer à plusieurs des grandes expéditions parties des ports
de ce pays ; on l'y voit associé, sans qu'on puisse
savoir à quel titre, marchand, pilote ou astronome.
Toujours est-il que dans aucune il ne joua un
rôle important et qu'aucune des découvertes faites
dans le nouveau continent ne peut lui être sûre-
ment attribuée. Voici comment on peut expliquer
la gloire imméritée qui s'attacha à son nom : les
voyages de Colomb et de ses premiers successeurs
firent sans doute grand bruit, mais seulement
dans les régions océaniques de l'Espagne. A peine
en Europe dit-on vaguement qu'un marin hardi,
nommé Colomb, avait trouvé par l'ouest une

route nouvelle vers les Indes. Améric Vespuce, qui était un lettré et avait en plusieurs pays des correspondants, leur rendait compte de ce qu'il voyait, et le bruit se répandait lentement d'un nouveau continent découvert, qu'Améric Vespuce avait visité et dont il disait des merveilles. Son nom se trouvait ainsi associé, dans l'opinion générale, à celui de la quatrième partie du monde, tandis que le nom de Colomb ne se lisait que dans les livres des érudits, à propos de sa première découverte des îles.

En 1507, un savant de Saint-Dié, Hylacomylus, publia un livre de cosmographie et de navigation, auquel il avait joint les quatre relations laissées par Améric Vespuce, et il proposait de donner au nouveau monde le nom d'*America*. Dans un petit livre édité à Strasbourg, en 1509, ce nom apparut pour la première fois comme celui de la nouvelle terre. Dans une carte qui accompagne une édition de Pomponius Méla, imprimée à Bâle en 1522, on lit : *America provincia* sur la partie méridionale du continent; puis, plus haut, cette inscription contradictoire : *Terre et îles découvertes par Colomb en 1497*. Dès lors, l'erreur est comme du domaine public et devient irréparable.

Améric Vespuce connut-il la proposition d'Hylacomylus? Voulut-il frustrer Colomb de la gloire qu'il méritait? Cela semble peu probable. Il était honnête, estimé de tous, estimé surtout de Colomb, qui l'emmena dans un de ses voyages et avait en lui toute confiance. Malgré son savoir et ses travaux, il ne parvint qu'à un rang médiocre et était déjà vieux quand il fut nommé *piloto mayor de Indias*. Il mourut pauvre en février 1512, laissant sa famille dans le besoin. Le trop grand honneur qu'on lui fit d'abord, en nommant d'après lui le continent qu'il n'avait pas découvert, fut bientôt suivi d'une réaction; il devint l'objet d'une haine universelle. On lui fit un crime d'avoir dérobé la gloire de Colomb; on l'accusa d'ingratitude et d'infamie tandis que, peut-être, il ne connut jamais la renommée qu'on lui préparait dans une petite ville perdue au milieu des Vosges.

TABLE DES MATIÈRES

PARIS. — IMP. CHAIX, SUCC. DE SAINT-OUEN. — 1702-2.